Cinzia Randazzo

IL CONCETTO DELLA VITA ALLE ORIGINI DEL CRISTIANESIMO

Youcanprint *Self-Publishing*

Titolo | Il concetto della vita alle origini del cristianesimo
Autore | Cinzia Randazzo

ISBN | 978-88-93069-74-8

Youcanprint Self-Publishing
Via Roma, 73 – 73039 Tricase (LE) – Italy
www.youcanprint.it
info@youcanprint.it
Facebook: facebook.com/youcanprint.it
Twitter: twitter.com/youcanprintit

INDICE

PREFAZIONE

In this short, but thorough study the author continues her venture to give a survey of the most important theological concepts in the writings of the apostolic fathers. Now she focuses on the concept of life, which is a notion with very firm biblical foundations.

This contribution consists of two parts, analysing what Clement of Rome, the *Didache*, Ps.-Clement, the *Letter of Barnabas*, Hermas, Ignatius of Antioch, Polycarp of Smyrna, and the *Letter to Diognetus* write about human life on this earth and the eternal life in the world to come. As to the origin and the substance of human life, Ignatius and Clement emphasize that the source of real life is God himself and the acceptance of his will, even if that sometimes causes great suffering. The final aim of human life is living a Christian and virtuous life. This thought is attested by several authors. The members of the community must live as God the Father wishes: they must make constant progress in virtues.

In the second part of this study the essential character and the conditions of eternal life are examined. Eternal life is a free gift, donated to us by God through Christ. The *Didache* and Ps.-Clement particularly emphasize the importance of obedience to the divine commands, which open the way leading to eternal life. Ignatius enumerates the most important conditions of eternal life: the presence of Christ in his church, concord among the faithful, love of God, carrying our own crosses, and finally, accepting even martyrdom as a present. Some other conditions are also given prominence by Polycarp, the *Letter of Barnabas*, and Ps.-Clement: the role of Christ in our salvation, who carries also our own sins, even if they wound him. Hermas – on the other hand – emphasizes the importance of our own good deeds and the role of our penitence in our salvation. Among the characteristics of eternal life the apostolic fathers mention for example the eternal vision of God. However, there is some difference between the fathers in some respects. The *Letter of Barnabas* and the *Didache* emphasize that eternal life is a precious gift from God, while Ignatius and Ps. Clement describe it as a gradual progression starting with our acts of penitence.

As she usually does, Dr Randazzo illustrates her message also in this work with rich collections of quotations from the works of these second century writers. These passages bear witness to the life of the early church, which was struggling with a lot of hardships, but was finally successful in overcoming the difficulties caused by the human weaknesses of her own members.

Budapest 9-11-2015

Prof. László Perendy
Pázmány Péter
Catholic University

INTRODUZIONE

L'idea di rivolgere una particolare attenzione al tema della vita nelle opere dei padri Apostolici è impresa assai ardua per la grande quantità di riferimenti concettuali alla Bibbia ivi contenuti. Ciò che ci ha spinto, in particolare, a addentrarci in questa impresa ardua è la mancanza di studi specifici al tema della vita soprattutto nel periodo subapostolico. Ne dà palese informazione il *Nuovo Dizionario patristico e di antichità cristiane*[1], in cui alla voce Vita mancano del tutto i riferimenti alle opere di tali padri. Il fatto che tale tematica sia stata sorvolata dagli studiosi per il periodo in questione diviene motivo di curiosità, la quale è stata al fondamento dell'avvio di tale ricerca.

Per questo motivo in questa ricerca saranno rilevati i concetti fodamentali afferenti il tema della vita, tramite un'analisi dettagliata dei testi dei padri Apostolici, per dare un quadro complessivo del loro pensiero riguardo a tale tematica.

Pensiero che sarebbe per noi tutti modello da seguire se vogliamo veramente costruire una vera civiltà della Vita.

---

1 C. MORESCHINI, *Vita*, in A. DI BERARDINO (a cura di), *Nuovo Dizionario Patristico e di antichità cristiane*, Genova-Milano 2008, col. 5658-5663. Cfr. anche J.H. NICOLAS, *Contemplazione e vita contemplativa nel cristianesimo*, Città del Vaticano 1990.

1. La vita umana

1.1. *Origine e identità*

Ignazio identifica gli atei con coloro che vivono in apparenza e, dal momento che non hanno fede in Cristo, reputano che la sofferenza di Cristo sia apparente: "*Se come dicono quelli che sono atei, cioè senza fede, che egli soffrì in apparenza, essi che vivono in apparenza*".[2]

Sempre Ignazio, nella sua *lettera ai Romani*, puntualizza il suo disgusto verso i piaceri della vita terrena: "*Non mi attirano il nutrimento della corruzione e i piaceri di questa vita*".[3] Egli esprime la sua ferma volontà di non voler vivere "*secondo gli uomini*": "*Non voglio più vivere secondo gli uomini*".[4]

Non solo ma egli offre in cambio della sua vita l'anima, che è la parte più nobile del corpo umano, con la sua sofferenza, rappresentata con l'immagine delle catene: "*In cambio della vita sono per voi la mia anima e le mie*

---

2 IGNAZIO, *Lettera ai Romani* 10. Ed. crit. F.XAVER FUNK-K. BIHLMEYER-M. WHITTAKER, *Die Apostolischen Väter. Griechisch-deutsche Parallelausgabe*, Tübingen 1992, p. 216. Trad. di A. QUACQUARELLI, *I Padri apostolici*, Roma 1998, p. 118.
3 IGNAZIO, *Lettera ai Romani* 7,3. Ed. crit. F.XAVER FUNK-K. BIHLMEYER-M. WHITTAKER, *Die Apostolischen Väter. Griechisch-deutsche Parallelausgabe*, pp. 214-216. Trad. di A. QUACQUARELLI, *I Padri apostolici*, p. 124.
4 IGNAZIO, *Lettera ai Romani* 8,1. Ed. crit. F.XAVER FUNK-K. BIHLMEYER-M. WHITTAKER, *Die Apostolischen Väter. Griechisch-deutsche Parallelausgabe*, p. 216. Trad. di A. QUACQUARELLI, *I Padri apostolici*, p. 125.

catene".[5] Più avanti precisa che egli offre la sua vita per rendersi partecipe a Dio: "*Offro in cambio la vita (...) e con loro vorrei essere partecipe in Dio*".[6] Coloro che soffrono – sofferenza che è anche per Policarpo rappresentata con l'immagine delle catene – vengono reputati come diademi perchè sono gli eletti di Dio: "*quelli che erano legati dalle sante catene, i diademi degli eletti veramente di Dio e di nostro Signore*".[7]

Inoltre Ignazio afferma decisamente che egli non vuole più vivere seguendo i semplici istinti carnali, cioè *secondo gli uomini*: "*Non voglio più vivere secondo gli uomini. Questo sarà se voi lo volete*".[8]

Ancora Ignazio considera più importanti la sua anima e le sue catene che egli dà in cambio della sua vita:

In cambio della vita sono per voi la mia anima

e le mie catene che non avete disprezzato e di

---

5 IGNAZIO, *Lettera ai Romani* 10,2. Ed. crit. F.XAVER FUNK-K. BIHLMEYER-M. WHITTAKER, *Die Apostolischen Väter. Griechisch-deutsche Parallelausgabe*, p. 216. Trad. di A. QUACQUARELLI, *I Padri apostolici*, p. 137.

6 IGNAZIO, *a Policarpo* 6,1. Ed. crit. F.XAVER FUNK-K. BIHLMEYER-M. WHITTAKER, *Die Apostolischen Väter. Griechisch-deutsche Parallelausgabe*, p. 238. Trad. di A. QUACQUARELLI, *I Padri apostolici*, p. 141.

7 POLICARPO, *Lettera ai Filippesi* 2,1,1. Ed. crit. F.XAVER FUNK-K. BIHLMEYER-M. WHITTAKER, *Die Apostolischen Väter. Griechisch-deutsche Parallelausgabe*, pp. 244-246. Trad. di A. QUACQUARELLI, *I Padri apostolici*, p. 153.

8 IGNAZIO, *Lettera ai Romani* 8,1. Ed. crit. F.XAVER FUNK-K. BIHLMEYER-M. WHITTAKER, *Die Apostolischen Väter. Griechisch-deutsche Parallelausgabe*, p. 216. Trad. di A. QUACQUARELLI, *I padri apostolici*, p. 125.

cui non vi siete vergognati.[9]

In seguito per Clemente Romano Dio è datore di vita: "*tu che arricchisci e impoverisci, che uccidi* e *dai la vita*".[10] Coloro che hanno ricevuto la vita da Dio sono peccatori, perchè "*nessuno è mondo da macchia, neppure se la sua vita è di un giorno*" (Gb 14,4-5).[11]

9 IGNAZIO, *Lettera agli Smirnesi* 10,2. Ed. crit. F.XAVER FUNK-K. BIHLMEYER-M. WHITTAKER, *Die Apostolischen Väter. Griechisch-deutsche Parallelausgabe*, p. 232. Trad. di A. QUACQUARELLI, *I padri apostolici*, p. 137.
10 CLEMENTE ROMANO, *Lettera ai Corinti* 59,3. Ed. crit. F.XAVER FUNK-K. BIHLMEYER-M. WHITTAKER, *Die Apostolischen Väter. Griechisch-deutsche Parallelausgabe*, p. 144. Trad. di A. QUACQUARELLI, *I padri apostolici*, p. 88.
11 CLEMENTE ROMANO, *Lettera ai Corinti* 17,4. Ed. crit. F.XAVER FUNK-K. BIHLMEYER-M. WHITTAKER, *Die Apostolischen Väter. Griechisch-deutsche Parallelausgabe*, p. 100. Trad. di A. QUACQUARELLI, *I padri apostolici*, p. 226.

1.2. *Finalità*

1.2.1. Vita cristiana

Per Ignazio il fine della vita umana è la carità: "*il fine la carità*".[12]

Per lo ps. Clemente la vita fisica, cioè il semplice fatto di essere venuti all'esistenza, comporta la conoscenza di Dio per opera del Figlio: "*Anzitutto perchè noi vivi non sacrifichiamo e non veneriamo gli dei morti, ma conosciamo per opera sua il Padre della verità*".[13] Significativa è la figura del diacono della Cilicia Filone che sacrifica la sua vita accompagnando Ignazio:

> Filone diacono della Cilicia, uomo provato, mi
> aiuta nella parola di Dio con Reo Agatopodo,
> uomo eletto che mi accompagna dalla Siria,
> sacrificando la vita.[14]

Il didachista ammonisce i fedeli ad accogliere colui che viene nel nome del Signore e se non ha lavoro, che i fedeli provvedano a darglielo perchè nessun cristiano

---

12 IGNAZIO, *Lettera agli Efesini* 7,1. Ed. crit. F.XAVER FUNK-K. BIHLMEYER-M. WHITTAKER, *Die Apostolischen Väter. Griechisch-deutsche Parallelausgabe*, p. 182. Trad. di A. QUACQUARELLI, *I padri apostolici*, p. 104.
13 Ps. CLEMENTE, *Omelia* 3,1. Ed. crit. F.XAVER FUNK-K. BIHLMEYER-M. WHITTAKER, *Die Apostolischen Väter. Griechisch-deutsche Parallelausgabe*, p. 156. Trad. di A. QUACQUARELLI, *I padri apostolici*, p. 223.
14 IGNAZIO, *Lettera ai Filadelfiesi* 11,1. Ed. crit. F.XAVER FUNK-K. BIHLMEYER-M. WHITTAKER, *Die Apostolischen Väter. Griechisch-deutsche Parallelausgabe*, p. 224. Trad. di A. QUACQUARELLI, *I padri apostolici*, p. 131.

rimanga nell'ozio:

Chiunque venga nel nome del Signore sia ricevuto; poi valutandolo lo conoscerete, avrete giudizio per la destra e la sinistra. 2. Se chi è venuto è di passaggio, aiutatelo quanto potete; non rimarrà da voi se non due o tre giorni, se necessario. 3. Se vuole fermarsi da voi, avendo un mestiere, lavori e mangi. 4. Se non ha un mestiere provvedete secondo il vostro giudizio, perchè un cristiano non viva tra voi ozioso.[15]

Erma ammonisce al pentimento coloro che hanno disperato della loro vita.[16] I pagani, precisa lo ps.Clemente, ridono se vedono che i cristiani non amano quelli che li amano.[17]

1.2.2. Vita virtuosa

Clemente Romano afferma che coloro che vogliono osservare la pietà e la giustizia hanno il compito di conoscere la Parola di Dio per vivere una vita virtuosa:

Fratelli, vi abbiamo scritto abbastanza sulle

---

15 *Didaché* 12,1.4. Ed. crit. F.XAVER FUNK-K. BIHLMEYER-M. WHITTAKER, *Die Apostolischen Väter. Griechisch-deutsche Parallelausgabe*, p. 16. Trad. di A. QUACQUARELLI, *I padri apostolici*, p. 37.

16 ERMA, *Pastore, Visione* 1,1,9. Ed. crit. F.XAVER FUNK-K. BIHLMEYER-M. WHITTAKER, *Die Apostolischen Väter. Griechisch-deutsche Parallelausgabe*, p. 332.

17 Ps. CLEMENTE, *Omelia* 13,4. Ed. crit. F.XAVER FUNK-K. BIHLMEYER-M. WHITTAKER, *Die Apostolischen Väter. Griechisch-deutsche Parallelausgabe*, p. 166.

cose che convengono alla nostra religione e sono utili a una vita virtuosa per quelli che vogliono osservare la pietà e la giustizia.[18]

Per vivere tale vita, Clemente ricorda ai Corinti che occorre amare

dimenticando le offese, nell'amore e nella pace con una benevolenza continua, come i nostri padri, di cui abbiamo già parlato, si resero graditi con l'umiltà verso il Padre, Dio e creatore, e tutti gli uomini.[19]

E' possibile per l'uomo vivere una vita virtuosa a patto che si renda gradito a Dio nell'umiltà di cuore e che sia concorde e in pace con Dio e con tutti gli esseri della creazione. Il vivere nella sobrietà comporta per Policarpo il conseguente insegnamento: *"Insegnate a tutti la sobrietà nella quale anche voi vivete"*.[20]

Più avanti Barnaba ammonisce la sua comunità a non imitare i pesci che passano la loro vita nei fondali dell'acqua, i quali simbolizzano gli uomini che, avendo deciso di vivere nell'empietà, verrano giudicati per la

18 CLEMENTE ROMANO, *Lettera ai Corinti* 62,1. Ed. crit. F.XAVER FUNK-K. BIHLMEYER-M. WHITTAKER, *Die Apostolischen Väter. Griechisch-deutsche Parallelausgabe*, p. 148. Trad. di A. QUACQUARELLI, *I padri apostolici*, p. 91.
19 CLEMENTE ROMANO, *Lettera ai Corinti* 62,2. Ed. crit. F.XAVER FUNK-K. BIHLMEYER-M. WHITTAKER, *Die Apostolischen Väter. Griechisch-deutsche Parallelausgabe*, p. 148. Trad. di A. QUACQUARELLI, *I padri apostolici*, p. 91.
20 POLICARPO, *2Lettera ai Filippesi* 10,3. Ed. crit. F.XAVER FUNK-K. BIHLMEYER-M. WHITTAKER, *Die Apostolischen Väter. Griechisch-deutsche Parallelausgabe*, p. 252. Trad. di A. QUACQUARELLI, *I padri apostolici*, p. 158.

morte:

> «Non mangerai nè murena, nè polipo, nè
> seppia». Significa: non sarai simile, nè ti unirai
> agli uomini che sino alla fine sono empi e
> vengono giudicati per la morte, come questi
> pesci i soli che nuotano nelle profondità e non
> emergono come gli altri, ma vivono nei fondali
> giù per l'abisso.[21]

Tutti gli esseri umani sono chiamati a progredire, secondo lo ps.Clemente, nei precetti perchè il porto che li aspetta è la vita eterna:

> Raduniamoci di frequente e cerchiamo di
> progredire nei precetti divini, perchè tutti con
> gli stessi sentimenti siamo riuniti per la vita.[22]

Sempre lo ps. Clemente precisa che il fedele ha il compito di fare la volontà del Padre *che ci ha chiamati per vivere e seguire sempre più la virtù"*.[23]

---

21 Ps. BARNABA, *Lettera* 10,5. Ed. crit. F.XAVER FUNK-K. BIHLMEYER-M. WHITTAKER, *Die Apostolischen Väter. Griechisch-deutsche Parallelausgabe*, p. 50. Trad. di A. QUACQUARELLI, *I padri apostolici*, p. 201.

22 Ps. CLEMENTE, *Omelia* 17,3. Ed. crit. F.XAVER FUNK-K. BIHLMEYER-M. WHITTAKER, *Die Apostolischen Väter. Griechisch-deutsche Parallelausgabe*, p. 170. Trad. di A. QUACQUARELLI, *I padri apostolici*, p. 232.

23 Ps. CLEMENTE, *Omelia* 10,1. Ed. crit. F.XAVER FUNK-K. BIHLMEYER-M. WHITTAKER, *Die Apostolischen Väter. Griechisch-deutsche Parallelausgabe*, p. 162. Trad. di A. QUACQUARELLI, *I padri apostolici*, p. 227.

Conclusione

Nel primo capitolo abbiamo avuto modo di vedere la progressione del pensiero dei Padri apostolici sia sull'origine e l'identità della vita umana che sulla sua finalità. Quanto al primo punto urge precisare che Ignazio di Antiochia rispetto a Clemente, che pone l'accento più sull'aspetto amartiologico della vita, evidenzia l'aspetto *sofferente* della vita umana, dove dalla sofferenza per le cose terrene ne consegue una certa via di uscita da queste per dare nutrimento alla propria anima.

Quanto al secondo punto, mentre Clemente Romano, insieme a Barnaba, tendono a dare al concetto della vita un senso virtuale, senso inteso come un cammino progressivo da compiersi, da parte di ogni cristiano, per raggiungere la vita eterna, Ignazio seguita a dare alla sofferenza un valore riscattatorio, perchè finalizzata alla vita caritatevole.

2. La vita eterna

2.1. *Identità*

Coloro che vivono in Cristo si incamminano verso la vita eterna, dove regna Cristo, col quale conviveranno per tutta l'eternità: "*Gesù Cristo speranza nostra, e in lui vivendo ci ritroveremo*".[24] La vita eterna si identifica anche per Barnaba con Cristo: "*Abbandonò me fonte di vita e si scavò una cisterna di morte* (Ger 2,12-13)".[25] Secondo lo Ps.Clemente il Padre ha rivelato all'uomo, tramite il Figlio, la vita celeste: "*per mezzo di Lui ci ha rivelato la verità e la vita celeste*".[26] Similmente per Ignazio "*quelli che pentiti rientrano nell'unità della chiesa saranno di Dio perchè vivono secondo Gesù Cristo*".[27] Ignazio esprime il suo beneplacito per i fedeli della comunità di Efeso, perchè vivono secondo verità:

---

24 IGNAZIO, *Lettera ai Tralliani* 2,2. Ed. crit. F.XAVER FUNK-K. BIHLMEYER-M. WHITTAKER, *Die Apostolischen Väter. Griechisch-deutsche Parallelausgabe*, p. 200. Trad. di A. QUACQUARELLI, *I padri apostolici*, p. 116.
25 Ps. BARNABA, *Lettera* 11,2. Ed. crit. F.XAVER FUNK-K. BIHLMEYER-M. WHITTAKER, *Die Apostolischen Väter. Griechisch-deutsche Parallelausgabe*, p. 52. Trad. di A. QUACQUARELLI, *I padri apostolici*, p. 202.
26 Ps. CLEMENTE, *Omelia* 20,5. Ed. crit. F.XAVER FUNK-K. BIHLMEYER-M. WHITTAKER, *Die Apostolischen Väter. Griechisch-deutsche Parallelausgabe*, p. 174. Trad. di A. QUACQUARELLI, *I padri apostolici*, p. 234.
27 IGNAZIO, *Lettera ai Filadelfiesi* 3,2. Ed. crit. F.XAVER FUNK-K. BIHLMEYER-M. WHITTAKER, *Die Apostolischen Väter. Griechisch-deutsche Parallelausgabe*, pp. 218-220. Trad. di A. QUACQUARELLI, *I padri apostolici*, p. 128.

"Proprio Onesimo loda il vostro ordine in Dio, perchè tutti vivete secondo verità e non si annida eresia in voi".[28] La vita eterna è connotata come dono, perchè Dio, precisa il didachista, la dà tramite il Figlio: *"e una vita eterna per mezzo di tuo Figlio"*.[29] Sempre l'autore della *Didachè* identifica la via della vita con il comandamento dell'amore verso Dio e verso il prossimo:

> La via della vita è questa: amerai Dio che ti ha creato; ama il prossimo tuo come te stesso, non fare ad altri tutte le cose che non vuoi avvengano per te.[30]

Inoltre nell'omelia dello ps.Clemente viene affermato che Dio ci ha rivelato la vita tramite il Figlio.[31] Colui che è pio, precisa lo ps.Clemente, godrà la vita eterna lassù insieme ai suoi padri.[32] Sempre lo

---

28 IGNAZIO, *Lettera agli Efesini* 6,2. Ed. crit. F.XAVER FUNK-K. BIHLMEYER-M. WHITTAKER, *Die Apostolischen Väter. Griechisch-deutsche Parallelausgabe*, p. 182. Trad. di A. QUACQUARELLI, *I padri apostolici*, p. 102.
29 *Didachè* 10,3. Ed. crit. F.XAVER FUNK-K. BIHLMEYER-M. WHITTAKER, *Die Apostolischen Väter. Griechisch-deutsche Parallelausgabe*, p. 14. Trad. di A. QUACQUARELLI, *I padri apostolici*, p. 35.
30 *Didachè* 1,2. Ed. crit. F.XAVER FUNK-K. BIHLMEYER-M. WHITTAKER, *Die Apostolischen Väter. Griechisch-deutsche Parallelausgabe*, p. 4. Trad. di A. QUACQUARELLI, *I padri apostolici*, p. 29.
31 Ps. CLEMENTE, *Omelia* 20,5. Ed. crit. F.XAVER FUNK-K. BIHLMEYER-M. WHITTAKER, *Die Apostolischen Väter. Griechisch-deutsche Parallelausgabe*, p. 174.
32 Ps. CLEMENTE, *Omelia* 19,4. Ed. crit. F.XAVER FUNK-K. BIHLMEYER-M. WHITTAKER, *Die Apostolischen Väter. Griechisch-deutsche Parallelausgabe*, p. 172.

ps.Clemente ammonisce i fedeli a progredire nei precetti divini, *"perchè tutti con gli stessi sentimenti siamo riuniti per la vita"*.[33]

2.2. Condizioni

Ignazio di Antiochia afferma che Cristo è la condizione per cui è possibile porsi in sintonia col Padre e per questo motivo diviene *inseparabile* dalla nostra vita:

Voglio esortarvi a comunicare in armonia con
la mente di Dio. E Gesù Cristo, nostra vita
inseparabile, è il pensiero del Padre.[34]

E' da Cristo che procede la nuova vita per coloro che credono in lui: *"vivono secondo la domenica, in cui è sorta la nostra vita per mezzo di Lui e della sua morte che alcuni negano"*.[35] La fede assurge, sempre per Ignazio, a condizione per avere la vera vita: *"similmente il Padre suo risusciterà in Gesù Cristo anche noi che crediamo in Lui, e senza di lui non abbiamo la vera vita"*.[36]

---

33 Ps. CLEMENTE, *Omelia* 17,3. Ed. crit. F.XAVER FUNK-K. BIHLMEYER-M. WHITTAKER, *Die Apostolischen Väter. Griechisch-deutsche Parallelausgabe,* p. 170. Trad. di A. QUACQUARELLI, *I padri apostolici,* p. 232.
34 IGNAZIO, *Lettera agli Efesini* 3,2. Ed. crit. F.XAVER FUNK-K. BIHLMEYER-M. WHITTAKER, *Die Apostolischen Väter. Griechisch-deutsche Parallelausgabe,* p. 180. Trad. di A. QUACQUARELLI, *I padri apostolici,* p. 101.
35 IGNAZIO, *Lettera ai Magnesii* 9,1. Ed. crit. F.XAVER FUNK-K. BIHLMEYER-M. WHITTAKER, *Die Apostolischen Väter. Griechisch-deutsche Parallelausgabe,* p. 196. Trad. di A. QUACQUARELLI, *I padri apostolici,* p. 112.
36 IGNAZIO, *Lettera ai Tralliani* 9,2. Ed. crit. F.XAVER FUNK-K.

Sempre Ignazio annovera la concordia come altra condizione per cui diviene possibile vivere come Lui vuole: "*Se non vi è nessuna discordia tra voi che vi possa tormentare, allora vivete secondo Dio*".[37] Congiunta alla concordia figura anche il banchetto eucaristico, o meglio lo spezzare il pane, condizioni per cui è possibile vivere permanentemente in Gesù Cristo:

> concordia stabile spezzando l'unico pane che è rimedio di immortalità, antidoto per non morire, ma per vivere sempre in Gesù Cristo.[38]

Più avanti Ignazio precisa che l'amore per Dio solo è un'ennesima condizione per entrare in una vita diversa dalla precedente: "*perchè per una vita diversa non amate che Dio solo*".[39] Fermo restando a Ignazio principio della vita eterna è la fede: "*la fede e la carità in Gesù Cristo, che sono il principio e lo scopo della vita*".[40]

BIHLMEYER-M. WHITTAKER, *Die Apostolischen Väter. Griechisch-deutsche Parallelausgabe,* p. 204. Trad. di A. QUACQUARELLI, *I padri apostolici,* p. 118.
37 IGNAZIO, *Lettera agli Efesini* 7,1. Ed. crit. F.XAVER FUNK-K. BIHLMEYER-M. WHITTAKER, *Die Apostolischen Väter. Griechisch-deutsche Parallelausgabe,* p. 182. Trad. di A. QUACQUARELLI, *I padri apostolici,* p. 102.
38 IGNAZIO, *Lettera agli Efesini* 20,1. Ed. crit. F.XAVER FUNK-K. BIHLMEYER-M. WHITTAKER, *Die Apostolischen Väter. Griechisch-deutsche Parallelausgabe,* p. 190. Trad. di A. QUACQUARELLI, *I padri apostolici,* p. 107.
39 IGNAZIO, *Lettera agli Efesini* 9,2. Ed. crit. F.XAVER FUNK-K. BIHLMEYER-M. WHITTAKER, *Die Apostolischen Väter. Griechisch-deutsche Parallelausgabe,* p. 184. Trad. di A. QUACQUARELLI, *I padri apostolici,* p. 103.
40 IGNAZIO, *Lettera agli Efesini* 14,1. Ed. crit. F.XAVER FUNK-K. BIHLMEYER-M. WHITTAKER, *Die Apostolischen Väter.*

Oltre a queste Ignazio ammonisce di allontanarsi dal principe di questo mondo, perchè col suo seducente odore fa deviare il fedele che vi aderisce dalla retta via che lo porta alla vita eterna: *"Non lasciatevi ungere dal cattivo odore del principe di questo mondo che non vi imprigioni fuori della vita che vi attende"*.[41] Ignazio prosegue ammonendo i fedeli della sua comunità a evitare ogni seduzione del principe di questo mondo per raggiungere la vita eterna che è Cristo:

> ed auguro loro l'unione nella carne e nello spirito di Gesù Cristo, nostra eterna vita (...) e ciò che è più importante l'unione con Gesù e il Padre. Se rimaniamo in questa ed evitiamo ogni assalto del principe di questo mondo, raggiungeremo Dio.[42]

Non solo ma anche la croce è per i fedeli condizione sine qua non è possibile raggiungere la vita eterna

> croce che è scandalo per gli infedeli e per noi salvezza e vita eterna (...). Egli è nato ed è stato battezzato perchè l'acqua fosse purificata

---

Griechisch-deutsche Parallelausgabe, p. 186. Trad. di A. QUACQUARELLI, *I padri apostolici*, p. 104.

41 IGNAZIO, *Lettera agli Efesini* 17,1. Ed. crit. F.XAVER FUNK-K. BIHLMEYER-M. WHITTAKER, *Die Apostolischen Väter. Griechisch-deutsche Parallelausgabe*, p. 188. Trad. di A. QUACQUARELLI, *I padri apostolici*, p. 105.

42 IGNAZIO, *Lettera ai Magnesii* 1,2. Ed. crit. F.XAVER FUNK-K. BIHLMEYER-M. WHITTAKER, *Die Apostolischen Väter. Griechisch-deutsche Parallelausgabe*, p. 192. Trad. di A. QUACQUARELLI, *I padri apostolici*, p. 109.

con la passione,[43]

sull'esempio di Cristo che proprio perchè fu vittima sulla croce ha potuto raggiungere il Padre. Più avanti Ignazio puntualizza che la co-sofferenza del fedele nella passione di Cristo dà adito a vivere la vita di Cristo: "*Se non avessimo a morire spontaneamente per lui nella sua passione, la sua vita non sarebbe in noi*".[44] La persecuzione è figlia della passione di Cristo, per questo motivo, secondo Ignazio, i santi profeti vivevano seguendo Gesù Cristo:

> se viviamo ancora secondo la legge ammettiamo di non aver ricevuto la grazia. 2. I santi profeti vissero secondo Gesù Cristo. Per questo furono perseguitati poichè erano ispirati dalla sua grazia.[45]

L'imitazione della passione di Cristo permette al credente di vivere la vera vita già sulla terra:

> Non impedite che io viva, non vogliate che io muoia. Non abbandonate al mondo nè seducete con la materia chi vuol essere di Dio. Lasciate

---

43 IGNAZIO, *Lettera agli Efesini* 18,1-2. Ed. crit. F.XAVER FUNK-K. BIHLMEYER-M. WHITTAKER, *Die Apostolischen Väter. Griechisch-deutsche Parallelausgabe*, p. 188. Trad. di A. QUACQUARELLI, *I padri apostolici*, p. 106.
44 IGNAZIO, *Lettera ai Magnesii* 5,2. Ed. crit. F.XAVER FUNK-K. BIHLMEYER-M. WHITTAKER, *Die Apostolischen Väter. Griechisch-deutsche Parallelausgabe*, pp. 192-194. Trad. di A. QUACQUARELLI, *I padri apostolici*, p. 110.
45 IGNAZIO, *Lettera agli Efesini* 8,2. Ed. crit. F.XAVER FUNK-K. BIHLMEYER-M. WHITTAKER, *Die Apostolischen Väter. Griechisch-deutsche Parallelausgabe*, p. 184. Trad. di A. QUACQUARELLI, *I padri apostolici*, p. 111.

che io riceva la luce pura, là giunto sarò uomo.
3. Lasciate che io sia imitatore della passione
del mio Dio.[46]

Sempre per Ignazio il martirio diviene il luogo in
cui il martire si avvicina ad assaporare la vera vita:
Gesù Cristo, nostra vera vita (...). Ma vicino
alla spada sono vicino a Dio, vicino alle belve
sono vicino a Dio, solo nel nome di Gesù
Cristo. Per patire con lui tutto sopporto,
dandomene la forza lui che si è fatto uomo
perfetto.[47]

La sobrietà è un'altra virtù che dà adito alla vita
eterna, sempre per Ignazio: "*Come atleta di Dio sii sobrio;
il premio è l'immortalità, la vita eterna in cui tu credi*".[48]

La sopportazione dei nostri peccati da parte di
Cristo è un'altra condizione, secondo Policarpo, per cui noi
potessimo vivere in lui: "*sopportò ogni cosa per noi,
perchè vivessimo in lui*".[49]

---

46 IGNAZIO, *Lettera ai Romani* 6,2-3. Ed. crit. F.XAVER FUNK-K.
BIHLMEYER-M. WHITTAKER, *Die Apostolischen Väter.
Griechisch-deutsche Parallelausgabe*, p. 214. Trad. di A.
QUACQUARELLI, *I padri apostolici*, p. 124.
47 IGNAZIO, *Lettera agli Smirnesi* 4,1-2. Ed. crit. F.XAVER FUNK-
K. BIHLMEYER-M. WHITTAKER, *Die Apostolischen Väter.
Griechisch-deutsche Parallelausgabe*, pp. 226-228. Trad. di A.
QUACQUARELLI, *I padri apostolici*, p. 135.
48 IGNAZIO, *a Policarpo* 2,3. Ed. crit. F.XAVER FUNK-K.
BIHLMEYER-M. WHITTAKER, *Die Apostolischen Väter.
Griechisch-deutsche Parallelausgabe*, p. 236. Trad. di A.
QUACQUARELLI, *I padri apostolici*, p. 140.
49 POLICARPO, *2 lettera ai Filippesi* 8,1. Ed. crit. F.XAVER FUNK-
K. BIHLMEYER-M. WHITTAKER, *Die Apostolischen Väter.*

Di nuovo Policarpo addita nel tormento disumano la condizione per cui è possibile vivere nello spazio di poco tempo la vita eterna su questa terra: "*Presi dalla grazia di Cristo, disprezzavano i tormenti del mondo, acquistandosi, per un momento solo, la vita eterna*".[50]

La fede e l'amore vengono annoverate da Barnaba come condizioni per cui è possibile avere speranza della vita eterna: "*Una grande fede e amore abita in voi nella speranza della vita*".[51] Più precisamente la fede nella pietra scartata, cioè Cristo, è la condizione per vivere in eterno: "*E chi crede in quella vivrà in eterno*".[52]
Sempre Barnaba indica nell'aver cura della nostra salvezza la condizione per cui l'uomo non si faccia abbindolare dal maligno e trasportare lontano da quella che invece è la vera vita:

> Dunque, fratelli, dobbiamo avere cura della
> nostra salvezza perchè il maligno introducendo
> in noi l'errore non ci scagli lontano dalla nostra

Griechisch-deutsche Parallelausgabe, p. 250. Trad. di A. QUACQUARELLI, *I padri apostolici,* p. 157.
50 POLICARPO, *Martirio* 2,3. Ed. crit. F.XAVER FUNK-K. BIHLMEYER-M. WHITTAKER, *Die Apostolischen Väter. Griechisch-deutsche Parallelausgabe,* pp. 262-264. Trad. di A. QUACQUARELLI, *I padri apostolici,* p. 162.
51 Ps.BARNABA, *Lettera* 1,4. Ed. crit. F.XAVER FUNK-K. BIHLMEYER-M. WHITTAKER, *Die Apostolischen Väter. Griechisch-deutsche Parallelausgabe,* p. 26. Trad. di A. QUACQUARELLI, *I padri apostolici,* p. 187.
52 Ps. BARNABA, *Lettera* 6,3. Ed. crit. F.XAVER FUNK-K. BIHLMEYER-M. WHITTAKER, *Die Apostolischen Väter. Griechisch-deutsche Parallelausgabe,* p. 38. Trad. di A. QUACQUARELLI, *I padri apostolici,* Roma 1998, p. 194.

vita.[53]

Fermo restando in Barnaba, la piaga di Cristo è un'altra condizione per cui il fedele venga vivificato: "*Se il Figlio di Dio che è Signore e che dovrà giudicare i vivi e i morti, patì perchè la sua piaga ci vivificasse*".[54] Barnaba aggiunge che altra condizione per vivere in eterno è la circoncisione del cuore: "*Non seminate tra le spine, ma circoncidetevi per il Signore vostro*".[55] Pure l'ascolto della Parola, insieme alla fede, è un'altra condizione per cui il fedele vivrà in eterno:

> E chi mangerà di quelli vivrà in eterno vuol dire: chiunque ascolterà queste parole e crederà, vivrà in eterno.[56]

Sempre Barnaba aggiunge che la morte di Gesù è condizione del dono della vita: "*proprio quello che credevano morto sulla croce avrebbe dato la vita*".[57]

---

53 Ps. BARNABA, *Lettera* 2,10. Ed. crit. F.XAVER FUNK-K. BIHLMEYER-M. WHITTAKER, *Die Apostolischen Väter. Griechisch-deutsche Parallelausgabe*, pp. 28-30. Trad. di A. QUACQUARELLI, *I padri apostolici*, p. 189.

54 Ps. BARNABA, *Lettera* 7,2. Ed. crit. F.XAVER FUNK-K. BIHLMEYER-M. WHITTAKER, *Die Apostolischen Väter. Griechisch-deutsche Parallelausgabe*, p. 42. Trad. di A. QUACQUARELLI, *I padri apostolici*, p. 196.

55 Ps. BARNABA, *Lettera* 9,5. Ed. crit. F.XAVER FUNK-K. BIHLMEYER-M. WHITTAKER, *Die Apostolischen Väter. Griechisch-deutsche Parallelausgabe*, p. 48. Trad. di A. QUACQUARELLI, *I padri apostolici*, p. 199.

56 Ps. BARNABA, *Lettera* 11,11. Ed. crit. F.XAVER FUNK-K. BIHLMEYER-M. WHITTAKER, *Die Apostolischen Väter. Griechisch-deutsche Parallelausgabe*, p. 54. Trad. di A. QUACQUARELLI, *I padri apostolici*, p. 203.

57 Ps. BARNABA, *Lettera* 12,5. Ed. crit. F.XAVER FUNK-K.

Conseguentemente coloro che credono che il serpente – che figura Cristo - pur morto sul legno può dare la vita vengono subito salvati:

> Quando uno di voi viene morsicato venga vicino al serpente che è sopra il legno e speri credendo che pur essendo morto può dare la vita e subito sarà salvato.[58]

In seguito l'annuncio della vista ai ciechi assurge in Barnaba ad essere la condizione per avere la vera vita: *"per annunziare ai prigionieri la libertà e ai ciechi la vista"*.[59]

Secondo lo ps.Clemente la volontà di Dio è la condizione della nostra rinascita alla vera vita: *"Per suo volere riacquistammo la vista rompendo la caligine che ci avvolgeva"*.[60] In seguito anche il vivere nella santità e nella giustizia diviene la condizione per conseguire la vita eterna:

BIHLMEYER-M. WHITTAKER, *Die Apostolischen Väter. Griechisch-deutsche Parallelausgabe*, p. 56. Trad. di A. QUACQUARELLI, *I padri apostolici*, p. 204.

58 Ps. BARNABA, *Lettera* 12,7. Ed. crit. F.XAVER FUNK-K. BIHLMEYER-M. WHITTAKER, *Die Apostolischen Väter. Griechisch-deutsche Parallelausgabe*, pp. 56-58. Trad. di A. QUACQUARELLI, *I padri apostolici*, pp. 204-205.

59 Ps. BARNABA, *Lettera* 14,9. Ed. crit. F.XAVER FUNK-K. BIHLMEYER-M. WHITTAKER, *Die Apostolischen Väter. Griechisch-deutsche Parallelausgabe*, p. 62. Trad. di A. QUACQUARELLI, *I padri apostolici*, p. 207.

60 Ps. CLEMENTE, *Omelia* 1,6. Ed. crit. F.XAVER FUNK-K. BIHLMEYER-M. WHITTAKER, *Die Apostolischen Väter. Griechisch-deutsche Parallelausgabe*, p. 154. Trad. di A. QUACQUARELLI, *I padri apostolici*, p. 221.

Invece, la promessa di Cristo è grande e mirabile, come la gioia del regno futuro e della vita eterna. 6. Cosa è da fare per conseguire questo? Vivere nella santità e nella giustizia e ritenere i beni mondani come estranei, e non desiderarli.[61]

Non solo ma anche il pentimento diventa la condizione per ottenere la vera vita: "*La ricompensa che vi chiedo è il pentimento di tutto cuore per darvi la vita e la salvezza*".[62] Sempre lo ps.Clemente precisa che ogni fedele può partecipare alla vita eterna a patto che si unisce a lui lo Spirito Santo: "*A tale vita e alla incorruttibilità questa carne può partecipare se ad essa si unisce lo Spirito Santo*".[63] Pure il fare la volontà di Dio Padre è la condizione per cui è possibile al fedele di far parte della chiesa della vita, quella spirituale:

> Facendo la volontà di Dio, Padre nostro, saremo della prima Chiesa, la spirituale, creata prima del sole e della luna. Se non faremo la volontà del Signore, saremo dalla parte che la

---

61 Ps. CLEMENTE, *Omelia* 5,5-6. Ed. crit. F.XAVER FUNK-K. BIHLMEYER-M. WHITTAKER, *Die Apostolischen Väter. Griechisch-deutsche Parallelausgabe*, p. 158. Trad. di A. QUACQUARELLI, *I padri apostolici*, p. 224.
62 Ps. CLEMENTE, *Omelia* 19,1. Ed. crit. F.XAVER FUNK-K. BIHLMEYER-M. WHITTAKER, *Die Apostolischen Väter. Griechisch-deutsche Parallelausgabe*, p. 172. Trad. di A. QUACQUARELLI, *I padri apostolici*, p. 233.
63 Ps. CLEMENTE, *Omelia* 14,5. Ed. crit. F.XAVER FUNK-K. BIHLMEYER-M. WHITTAKER, *Die Apostolischen Väter. Griechisch-deutsche Parallelausgabe*, p. 168. Trad. di A. QUACQUARELLI, *I padri apostolici*, p. 230.

Scrittura dice: «La mia casa è divenuta una spelonca di ladri» (Ger 7,11). Scegliamo dunque di essere con la Chiesa della vita, perchè possiamo salvarci.[64]

Più avanti lo ps.Clemente aggiunge che il fare la volontà del Padre, il conservare pura la carne e l'osservare i comandamenti del Signore sono altre condizioni per conseguire la vita eterna:

Così, fratelli, facendo la volontà del Padre e conservando pura la carne ed osservando i comandamenti del Signore potremo conseguire la vita eterna.[65]

Sempre per Clemente la carità fraterna è la porta della giustizia aperta alla vita:

Piangendo, supplichiamolo che fattosi propizio si riconcilii con noi e ci ristabilisca nella nobile e santa pratica della carità fraterna. 2. Questa è la porta della giustizia aperta alla vita, com'è scritto: «Apritemi le porte della giustizia; entrando confesserò il Signore. 3. Questa è la porta del Signore; i giusti entreranno per essa» (Sal 118, (117), 19-20).[66]

---

64 Ps. CLEMENTE, *Omelia* 14,1. Ed. crit. F.XAVER FUNK-K. BIHLMEYER-M. WHITTAKER, *Die Apostolischen Väter. Griechisch-deutsche Parallelausgabe*, p. 166. Trad. di A. QUACQUARELLI, *I padri apostolici*, p. 229.
65 Ps. CLEMENTE, *Omelia* 8,4. Ed. crit. F.XAVER FUNK-K. BIHLMEYER-M. WHITTAKER, *Die Apostolischen Väter. Griechisch-deutsche Parallelausgabe*, pp. 160-162. Trad. di A. QUACQUARELLI, *I padri apostolici*, p. 226.
66 CLEMENTE, *Lettera ai Corinti* 58,1-3. Ed. crit. F.XAVER FUNK-

Inoltre per l'anonimo autore dell'*A Diogneto* il timore è la condizione per cui il fedele cerca e ama la vita: "*Lui, invece, con timore conosce e cerca la vita, pianta nella speranza aspettando il frutto*".[67] Anche la condanna dei cristiani è motivo di gioia, perchè è come se essi ricevessero la vita: "*condannati gioiscono come se ricevessero la vita*".[68] L'uccisione, sempre per l'anonimo autore, è un'altra condizione per cui i cristiani ricominciano a vivere: "*Sono uccisi, e riprendono a vivere*".[69] In seguito per Erma colui che palesa all'altro le grandezze del Signore vive felice sulla terra:

> mostra ad ogni uomo le grandezze del Signore,
> e ne avrai grazia. Chiunque camminerà in
> questi principi vivrà e sarà felice nella sua
> vita.[70]

K. BIHLMEYER-M. WHITTAKER, *Die Apostolischen Väter. Griechisch-deutsche Parallelausgabe*, p. 142. Trad. di A. QUACQUARELLI, *I padri apostolici*, p. 81.

67 *A Diogneto* 12,6. Ed. crit. F.XAVER FUNK-K. BIHLMEYER-M. WHITTAKER, *Die Apostolischen Väter. Griechisch-deutsche Parallelausgabe*, p. 322. Trad. di A. QUACQUARELLI, *I padri apostolici*, p. 363.

68 *A Diogneto* 5,16. Ed. crit. F.XAVER FUNK-K. BIHLMEYER-M. WHITTAKER, *Die Apostolischen Väter. Griechisch-deutsche Parallelausgabe*, p. 312. Trad. di A. QUACQUARELLI, *I padri apostolici*, p. 357.

69 *A Diogneto* 5,12. Ed. crit. F.XAVER FUNK-K. BIHLMEYER-M. WHITTAKER, *Die Apostolischen Väter. Griechisch-deutsche Parallelausgabe*, p. 312. Trad. di A. QUACQUARELLI, *I padri apostolici*, p. 357.

70 ERMA, *Pastore, similitudini* 10,114,1. Ed. crit. F.XAVER FUNK-K. BIHLMEYER-M. WHITTAKER, *Die Apostolischen Väter. Griechisch-deutsche Parallelausgabe*, p. 540. Trad. di A.

Sempre per Erma la pratica dei precetti del Signore conduce i fedeli a vivere la vera vita: "*Quelli che poi praticano i suoi precetti avranno vita e avranno un grande onore presso il Signore*".[71] La fede nelle parole dell'angelo della penitenza e la conseguente messa in atto di tali parole, divengono le condizioni per vivere:

> Potrete vivere se crederete e udirete le mie parole, camminando in esse e raddrizzando le vostre vie. Se poi permarrete nella malizia e nella vendetta, nessuna di tali persone potrà vivere in Dio.[72]

Fermo restando in Erma coloro che operano del bene possono vivere in Dio "*Essi potevano fare qualche bene con quello che fu loro lasciato e vivere in Dio, poichè d'indole buona*",[73] e lo possono anche coloro che fuggono la cattiveria e divengono innocenti: "*Beati voi se estirpate la cattiveria e vi rivestite dell'innocenza! Primi fra tutti vivrete in Dio*".[74] Sempre Erma aggiunge che

QUACQUARELLI, *I padri apostolici*, p. 345.

71 ERMA, *Pastore, similitudini* 10,112,4. Ed. crit. F.XAVER FUNK-K. BIHLMEYER-M. WHITTAKER, *Die Apostolischen Väter. Griechisch-deutsche Parallelausgabe*, pp. 536-38. Trad. di A. QUACQUARELLI, *I padri apostolici*, p. 344.

72 ERMA, *Pastore, similitudini* 9,110,1. Ed. crit. F.XAVER FUNK-K. BIHLMEYER-M. WHITTAKER, *Die Apostolischen Väter. Griechisch-deutsche Parallelausgabe*, p. 534. Trad. di A. QUACQUARELLI, *I padri apostolici*, p. 342.

73 ERMA, *Pastore, similitudini* 9,107,5. Ed. crit. F.XAVER FUNK-K. BIHLMEYER-M. WHITTAKER, *Die Apostolischen Väter. Griechisch-deutsche Parallelausgabe*, p. 528. Trad. di A. QUACQUARELLI, *I padri apostolici*, p. 341.

74 ERMA, *Pastore, similitudini* 9, 106,3. Ed. crit. F.XAVER FUNK-

quanti allontanano i pensieri devianti la Verità vivono in Dio: *"Allontanate questi pensieri dai vostri cuori per vivere eternamente in Dio"*.[75] Pure la sofferenza per il nome del Signore è un'altra condizione per vivere la vera vita: *"se non aveste sofferto per il nome del Signore, sareste morti a Dio per i vostri peccati"*.[76] La conversione addiviene per Erma un'altra condizione per poter vivere in Dio, mentre se coloro che si sono macchiati rimangono nella cupidigia non hanno speranza di vita:

> Quelli che hanno macchie sono i diaconi che amministrarono male e derubarono le vedove e gli orfani. Essi fecero un loro profitto della diaconia che presero ad amministrare. Se dunque permangono in questa cupidigia sono morti e non hanno alcuna speranza di vita. Se si convertono e compiono santamente il loro ministero, potranno vivere.[77]

K. BIHLMEYER-M. WHITTAKER, *Die Apostolischen Väter. Griechisch-deutsche Parallelausgabe*, p. 526. Trad. di A. QUACQUARELLI, *I padri apostolici*, p. 340.
75 ERMA, *Pastore, similitudini* 9, 105,8. Ed. crit. F.XAVER FUNK-K. BIHLMEYER-M. WHITTAKER, *Die Apostolischen Väter. Griechisch-deutsche Parallelausgabe*, p. 526. Trad. di A. QUACQUARELLI, *I padri apostolici*, p. 339.
76 ERMA, *Pastore, similitudini* 9, 105,6. Ed. crit. F.XAVER FUNK-K. BIHLMEYER-M. WHITTAKER, *Die Apostolischen Väter. Griechisch-deutsche Parallelausgabe*, p. 526. Trad. di A. QUACQUARELLI, *I padri apostolici*, p. 339.
77 ERMA, *Pastore, similitudini* 9, 103,2. Ed. crit. F.XAVER FUNK-K. BIHLMEYER-M. WHITTAKER, *Die Apostolischen Väter. Griechisch-deutsche Parallelausgabe*, p. 522. Trad. di A. QUACQUARELLI, *I padri apostolici*, p. 337.

Anche il pentimento, sempre per Erma, spinge il fedele a non perdere la vita: "*il pentimento dei peccatori salva la vita, mentre il mancato pentimento è la morte*".[78] Infatti chi vive accanto a colui che non si pente diviene partecipe del suo peccato.[79] Pure la penitenza stimola il fedele a salvarsi: "*Vedi quanti fecero penitenza e si salvarono?*".[80] Inoltre la penitenza e il pentimento vengono ad essere condizioni per vivere la vera vita per i fedeli arroganti che credono di sapere tutto, quando invece non sanno nulla, mentre per i vendicativi e i furibondi non cè possibilità di vita:

> non furono cattivi, ma piuttosto stolti e insulsi. Essi se si pentono, vivranno in Dio, se non si pentiranno abiteranno con le donne che esercitano il male contro di loro». 100,1. «I credenti del sesto monte, che ha crepacci grandi e piccoli e nei crepacci erbe inaridite, sono quelli che 2. hanno piccole rotture, cioè, ce l'hanno tra loro e per le maldicenze sono divenuti aridi nella fede. Di questi però molti si pentirono. Anche gli altri quando ascolteranno

---

78 ERMA, *Pastore, similitudini* 8,72,6. Ed. crit. F.XAVER FUNK-K. BIHLMEYER-M. WHITTAKER, *Die Apostolischen Väter. Griechisch-deutsche Parallelausgabe,* p. 476. Trad. di A. QUACQUARELLI, *I padri apostolici*, p. 313.
79 ERMA, *Pastore, precetti* 4,29,9. Ed. crit. F.XAVER FUNK-K. BIHLMEYER-M. WHITTAKER, *Die Apostolischen Väter. Griechisch-deutsche Parallelausgabe,* p. 382.
80 ERMA, *Pastore, similitudini* 8,72,1. Ed. crit. F.XAVER FUNK-K. BIHLMEYER-M. WHITTAKER, *Die Apostolischen Väter. Griechisch-deutsche Parallelausgabe,* p. 474. Trad. di A. QUACQUARELLI, *I padri apostolici*, p. 312.

i miei precetti si pentiranno. In realtà piccole sono le loro maldicenze e subito si pentiranno. 3. Quelli che hanno grandi crepacci sono gli ostinati nelle loro maldicenze, vendicativi e furibondi tra loro. Essi, non ritenuti adatti alla costruzione, furono gettati via dalla torre. Difficilmente potranno vivere.[81]

Il fare del bene congiunto al pentimento figura come condizione per vivere in Dio: "*Se si pentono e fanno del bene vivranno in Dio*".[82] Inoltre il battesimo è un altra condizione per essere vivificati: "*Avevano bisogno, per essere vivificate, di passare per l'acqua*".[83] In seguito la misericordia di Dio è annoverata come condizione per ringiovanire la vita:

Di ogni cosa ringraziai il Signore perchè ha avuto misericordia di tutti quelli che sono chiamati col suo nome, ed ha inviato l'angelo della penitenza a noi che abbiamo peccato contro di lui. Inoltre perchè ha rinnovato il nostro spirito, mentre eravamo già corrotti e ha

---

81 ERMA, *Pastore, similitudini* 9, 99,4.100,3. Ed. crit. F.XAVER FUNK-K. BIHLMEYER-M. WHITTAKER, *Die Apostolischen Väter. Griechisch-deutsche Parallelausgabe,* pp. 518-520. Trad. di A. QUACQUARELLI, *I padri apostolici*, pp. 335-336.
82 ERMA, *Pastore, similitudini* 9, 97,4. Ed. crit. F.XAVER FUNK-K. BIHLMEYER-M. WHITTAKER, *Die Apostolischen Väter. Griechisch-deutsche Parallelausgabe,* p. 518. Trad. di A. QUACQUARELLI, *I padri apostolici*, p. 334.
83 ERMA, *Pastore, similitudini* 9, 93,2. Ed. crit. F.XAVER FUNK-K. BIHLMEYER-M. WHITTAKER, *Die Apostolischen Väter. Griechisch-deutsche Parallelausgabe,* p. 510. Trad. di A. QUACQUARELLI, *I padri apostolici*, p. 331.

ringiovanito la nostra vita, mentre non avevamo più speranza di vivere.[84]

Il camminare nei precetti di Dio e il pentimento sono le condizioni per vivere in Dio:

Quanti si pentono con tutto il cuore e si purificano dalle loro malvagità anzidette, senza accrescere di più i loro peccati, riceveranno dal Signore la guarigione delle loro colpe precedenti, se non sono indecisi in questi precetti, e vivranno con Dio.[85]

Sempre per Erma l'osservanza dei precetti induce il fedele a vivere secondo il beneplacito di Dio: "*La vita è di coloro che osservano i precetti del Signore (...). In questi c'è la vita del Signore*".[86] Anche il fare il bene procura la vita a chi lo compie:

Molti invero facendo il bene, godono attirati dal loro piacere. E' un piacere questo, proficuo ai servi di Dio e procura la vita a un uomo siffatto.[87]

---

84 ERMA, *Pastore, similitudini* 9, 91,3. Ed. crit. F.XAVER FUNK-K. BIHLMEYER-M. WHITTAKER, *Die Apostolischen Väter. Griechisch-deutsche Parallelausgabe*, p. 508. Trad. di A. QUACQUARELLI, *I padri apostolici*, p. 329.

85 ERMA, *Pastore, similitudini* 8,77,1-4. Ed. crit. F.XAVER FUNK-K. BIHLMEYER-M. WHITTAKER, *Die Apostolischen Väter. Griechisch-deutsche Parallelausgabe*, pp. 482-484. Trad. di A. QUACQUARELLI, *I padri apostolici*, p. 316.

86 ERMA, *Pastore, similitudini* 8,73,6. Ed. crit. F.XAVER FUNK-K. BIHLMEYER-M. WHITTAKER, *Die Apostolischen Väter. Griechisch-deutsche Parallelausgabe*, p. 478. Trad. di A. QUACQUARELLI, *I padri apostolici*, p. 314.

87 ERMA, *Pastore, similitudini* 6,65,7. Ed. crit. F.XAVER FUNK-K.

Pure le prove della vita che causano tormenti spingono il fedele verso la via della vita:

Egli prende quelli che hanno errato lontano da
Dio camminando nella via delle passioni e dei
piaceri di questo mondo e li punisce, come
ognuno ha meritato, con diversi castighi atroci
4. Signore, desidererei sapere quali sono questi
diversi tormenti. Ascolta le varie prove e
castighi. Sono le prove della vita.[88]

Mediante l'immagine delle pecore che pascolavano ma non saltellavano Erma mostra che queste simboleggiano coloro che sono lontani dalla Verità, ma hanno una qualche speranza di penitenza:

Le pecore che vedesti non saltellare ma
pascolare insieme sono quelli dediti ai
godimenti e ai piaceri, ma non bestemmiarono
il Signore. Essi lontani dalla verità furono
corrotti e per loro c'è speranza di penitenza
nella quale possono vivere[89].

Inoltre Erma ammonisce a camminare nella via dei precetti per vivere in Dio: "*Camminate nella via dei*

BIHLMEYER-M. WHITTAKER, *Die Apostolischen Väter.
Griechisch-deutsche Parallelausgabe*, p. 458. Trad. di A.
QUACQUARELLI, *I padri apostolici*, p. 305.
88 ERMA, *Pastore, similitudini 6,63,3-4*. Ed. crit. F.XAVER FUNK-
K. BIHLMEYER-M. WHITTAKER, *Die Apostolischen Väter.
Griechisch-deutsche Parallelausgabe*, p. 454. Trad. di A.
QUACQUARELLI, *I padri apostolici*, p. 303.
89 ERMA, *Pastore, similitudini 6,62,4*. Ed. crit. F.XAVER FUNK-K.
BIHLMEYER-M. WHITTAKER, *Die Apostolischen Väter.
Griechisch-deutsche Parallelausgabe*, p. 452. Trad. di A.
QUACQUARELLI, *I padri apostolici*, p. 302.

precetti e vivrete in Dio".[90] In seguito la purezza della carne e dello spirito permettono al fedele di vivere in Dio:

> Il Signore assai misericordioso guarirà le mancanze, se non contamini più la carne e lo spirito. Entrambi sono accomunati e l'una non può contaminarsi senza l'altro. Conservali puri entrambi e vivrai in Dio.[91]

Erma puntualizza che colui che teme Dio vivrà in lui: "*Se ciò farai e Lo temerai, astenendoti da ogni opera malvagia, vivrai in Dio*".[92]
Anche l'aiuto reciproco viene annoverato come l'occasione per essere iscritti da Dio sul libro dei viventi:

> anche i poveri, pregando il Signore per i ricchi, ricolmano la ricchezza di questi e a loro volta i ricchi, dando ai poveri il necessario, riempiono le loro anime. 9. L'uno e l'altro diventano partecipi dell'opera giusta, e ciò facendo, non vengono abbandonati da Dio, ma iscritti nei libri dei viventi.[93]

---

90 ERMA, *Pastore, similitudini* 6,61,4. Ed. crit. F.XAVER FUNK-K. BIHLMEYER-M. WHITTAKER, *Die Apostolischen Väter. Griechisch-deutsche Parallelausgabe*, p. 450. Trad. di A. QUACQUARELLI, *I padri apostolici*, p. 302.
91 ERMA, *Pastore, similitudini* 5,60,4. Ed. crit. F.XAVER FUNK-K. BIHLMEYER-M. WHITTAKER, *Die Apostolischen Väter. Griechisch-deutsche Parallelausgabe*, p. 448. Trad. di A. QUACQUARELLI, *I padri apostolici*, p. 301.
92 ERMA, *Pastore, similitudini* 5,54,5. Ed. crit. F.XAVER FUNK-K. BIHLMEYER-M. WHITTAKER, *Die Apostolischen Väter. Griechisch-deutsche Parallelausgabe*, p. 436. Trad. di A. QUACQUARELLI, *I padri apostolici*, p. 296.
93 ERMA, *Pastore, similitudini* 2,51,8-9. Ed. crit. F.XAVER FUNK-

La purificazione del cuore è, per Erma, un altro pretesto perchè si possano osservare i precetti e conseguentemente si possa vivere in Dio: *"Li osserveranno tutti quelli che purificheranno il loro cuore dalle vane passioni di questo mondo e vivranno in Dio"*.[94] Colui che pratica la giustizia e le virtù, seguendo il desiderio buono e allontanandosi dai desideri cattivi, cammina sulla via della vita:

> Se tu servi il desiderio buono e ad esso ti sottometti, puoi dominare il desiderio cattivo e sottometterlo come vuoi». XLVI (3), 1. «Vorrei sapere, signore, con quali maniere devo servire il desiderio buono». «Ascolta: pratica la giustizia e la virtù, la verità e il timore del Signore, la fiducia e la mansuetudine e quante cose buone sono simili a queste. Operando ciò sarai un servo di Dio accetto e vivrai con Lui. Ognuno che servirà il desiderio buono vivrà in Dio.[95]

Ancora una volta Erma puntualizza che possono vivere in Dio coloro che si purificano dalla tristezza e si

K. BIHLMEYER-M. WHITTAKER, *Die Apostolischen Väter. Griechisch-deutsche Parallelausgabe*, pp. 430-432. Trad. di A. QUACQUARELLI, *I padri apostolici*, pp. 293-294.

94 ERMA, *Pastore, precetti* 12,49,5. Ed. crit. F.XAVER FUNK-K. BIHLMEYER-M. WHITTAKER, *Die Apostolischen Väter. Griechisch-deutsche Parallelausgabe*, p. 424. Trad. di A. QUACQUARELLI, *I padri apostolici*, p. 289.

95 ERMA, *Pastore, precetti* 12,45,2.46,1. Ed. crit. F.XAVER FUNK-K. BIHLMEYER-M. WHITTAKER, *Die Apostolischen Väter. Griechisch-deutsche Parallelausgabe*, p. 418. Trad. di A. QUACQUARELLI, *I padri apostolici*, pp. 286-287.

riempiono di gioia: "*Purificati, dunque, da questa nefasta tristezza e vivrai in Dio. E vivranno in Dio quanti allontanano la tristezza e si rivestono di ogni gioia*".[96] Occorre evitare, prosegue Erma, di non essere travolti dalla ricchezza, dalle amicizie pagane e da altri innumerevoli affari mondani, perchè ciò ostacolerebbe la retta comprensione delle allegorie divine:

> quelli che non hanno mai fatto ricerca sulla verità né hanno indagato sulla divinità ed hanno solo creduto, sono presi dalle faccende, dalla ricchezza, dalle amicizie pagane e da molti altri affari di questo mondo. Quanti vivono per queste cose non comprendono le allegorie della divinità.[97]

In seguito Erma ammonisce a servire la fede che, come tutte le altre cose che provengono dall'alto, ha una grande forza e permette a chi la serve di vivere con Dio:

> la fede è dall'alto, da parte del Signore ed ha una grande forza. L'incertezza, invece, spirito terrestre, è dal diavolo e non ha forza. 12. Tu servi la fede che ha forza e allontana l'incertezza che non ne ha e vivrai con Dio.

---

96 ERMA, *Pastore, precetti* 10,42,4. Ed. crit. F.XAVER FUNK-K. BIHLMEYER-M. WHITTAKER, *Die Apostolischen Väter. Griechisch-deutsche Parallelausgabe*, p. 410. Trad. di A. QUACQUARELLI, *I padri apostolici*, p. 283.
97 ERMA, *Pastore, precetti* 10,40,4. Ed. crit. F.XAVER FUNK-K. BIHLMEYER-M. WHITTAKER, *Die Apostolischen Väter. Griechisch-deutsche Parallelausgabe*, p. 408. Trad. di A. QUACQUARELLI, *I padri apostolici*, p. 281.

Vivranno con Dio quanti la pensano così.[98]

Anche l'astensione dai vizi e l'osservanza del precetto di fare del bene in maniera permanente permettono al fedele di vivere in Dio:

> assistere le vedove, visitare gli orfani e i bisognosi, liberare dalle ristrettezze i servi di Dio, essere ospitale (nella ospitalità talvolta si trova a fare il bene), non ostacolare nessuno, essere sereno, essere il più umile di tutti gli uomini, rispettare i vecchi, praticare la giustizia, osservare la fratellanza, sopportare la prepotenza, essere magnanimo, non serbare rancore, consolare gli afflitti, non allontanare dalla fede coloro che danno scandalo, ma convertirli e far loro coraggio, ammonire i peccatori, non opprimere i debitori e i bisognosi, e altre cose simili. 11. Non ti sembra, mi dice, che queste cose siano buone?». Rispondo «Che cosa vi è di meglio?». «Cammina, dunque, mi replica, in esse e non astenertene, e vivrai in Dio. 12. Osserva, dunque, il precetto: se fai il bene e non te ne astieni vivrai in Dio, e tutti quelli che operano in questo modo vivranno in Dio.[99]

---

98 ERMA, *Pastore, precetti* 9,39,11-12. Ed. crit. F.XAVER FUNK-K. BIHLMEYER-M. WHITTAKER, *Die Apostolischen Väter. Griechisch-deutsche Parallelausgabe*, p. 406. Trad. di A. QUACQUARELLI, *I padri apostolici*, p. 280.
99 ERMA, *Pastore, precetti* 8,38,3-12. Ed. crit. F.XAVER FUNK-K. BIHLMEYER-M. WHITTAKER, *Die Apostolischen Väter. Griechisch-deutsche Parallelausgabe*, pp. 400-404. Trad. di A.

La vera vita è appannaggio di coloro che temono Dio e che osservano i suoi comandamenti:

> Quelli che lo temono e osservano i suoi precetti vivranno in Dio». 5. «Perchè, chiedo, signore, hai detto di coloro che osservano i suoi comandamenti: vivranno in Dio?». «Perchè ogni creatura teme il Signore, ma non osserva i suoi precetti. È presso Dio la vita di quelli che lo temono e osservano i suoi precetti.[100]

Non solo ma anche la fede nelle opere dell'angelo della giustizia e la conseguente pratica permettono al fedele di vivere in Dio:

> Questo precetto manifesta ciò che concerne la fede perchè tu creda alle opere dell'angelo della giustizia e, compiendole, tu vivrai in Dio.[101]

Pure la pratica della castità e della santità sono condizioni per vivere in Dio: "*Pratica la castità e la santità e vivrai in Dio*".[102] Inoltre Erma annovera il

QUACQUARELLI, *I padri apostolici*, pp. 278-279.

100 ERMA, *Pastore, Precetti* 7,37,4-5. Ed. crit. F.XAVER FUNK-K. BIHLMEYER-M. WHITTAKER, *Die Apostolischen Väter. Griechisch-deutsehe Parallelausgabe*, p. 400. Trad. di A. QUACQUARELLI, *I padri apostolici*, p. 277.

101 ERMA, *Pastore, Precetti* 6,36,10. Ed. crit. F.XAVER FUNK-K. BIHLMEYER-M. WHITTAKER, *Die Apostolischen Väter. Griechisch-deutsche Parallelausgabe*, p. 398. Trad. di A. QUACQUARELLI, *I padri apostolici*, p. 276.

102 ERMA, *Pastore, Precetti* 4,32,3. Ed. crit. F.XAVER FUNK-K. BIHLMEYER-M. WHITTAKER, *Die Apostolischen Väter. Griechisch-deutsche Parallelausgabe*, p. 388. Trad. di A.

battesimo, tramite cui il fedele è stato perdonato dei suoi peccati, come pure l'osservare e il mettere in pratica i precetti come condizioni per vivere nella purezza: *"Bisogna che chi ha ricevuto il perdono dei peccati non pecchi più, ma viva nella purezza"*.[103] L'allontanamento dalla menzogna, precisa Erma, è una delle caratteristiche che contraddistingue l'uomo che vive in Dio,[104] come anche il rivestirsi di ogni virtù santa.[105]

Il fuggire i dissensi permette al cristiano di non essere privato della vera vita.[106] La chiesa stessa, simboleggiata con l'immagine della torre, è stata costruita sull'acqua perchè il fedele possa vivere la vera vita grazie all'acqua.[107] Lo ps. Clemente fa osservare che chi fa la volontà del Signore verrà a far parte della chiesa spirituale.[108] Anzi lo ps. Clemente esorta a fare la volontà

QUACQUARELLI, *I padri apostolici*, p. 272.
103 ERMA, *Pastore, Precetti* 4,30,4.31,2. Ed. crit. F.XAVER FUNK-K. BIHLMEYER-M. WHITTAKER, *Die Apostolischen Väter. Griechisch-deutsche Parallelausgabe*, pp. 384-386. Trad. di A. QUACQUARELLI, *I padri apostolici*, p. 271.
104 ERMA, *Pastore, Precetti* 3,28,3.5. Ed. crit. F.XAVER FUNK-K. BIHLMEYER-M. WHITTAKER, *Die Apostolischen Väter. Griechisch-deutsche Parallelausgabe*, p. 380.
105 ERMA, *Pastore, Precetti* 1,26,2. Ed. crit. F.XAVER FUNK-K. BIHLMEYER-M. WHITTAKER, *Die Apostolischen Väter. Griechisch-deutsche Parallelausgabe*, p. 376.
106 ERMA, *Pastore, Precetti* 3,17,9. Ed. crit. F.XAVER FUNK-K. BIHLMEYER-M. WHITTAKER, *Die Apostolischen Väter. Griechisch-deutsche Parallelausgabe*, p. 360.
107 ERMA, *Pastore, Visione* 3,11,5. Ed. crit. F.XAVER FUNK-K. BIHLMEYER-M. WHITTAKER, *Die Apostolischen Väter. Griechisch-deutsche Parallelausgabe*, pp. 348-350.
108 Ps. CLEMENTE, *Omelia* 14,1. Ed. crit. F.XAVER FUNK-K.

del Padre *"che ci ha chiamati per vivere"*.[109] Sempre per lo ps.Clemente la pratica della giustizia diviene la condizione per entrare nel regno di Dio e per ricevere la promessa della vita eterna.[110] Inoltre lo ps.Clemente precisa che chi fa la volontà di Dio e conserva pura la carne, osservando i comandamenti del Signore, potrà conseguire la vita eterna.[111]

2.3. *Effetti*

Nel ravvivare la fede della promessa e della Parola durante la crescita, ogni fedele domina la terra: *"Così anche noi vivificati nella fede della promessa e nella parola, crescendo vivremo dominando la terra"*.[112]
La speranza in Cristo conduce il fedele a vivere in eterno: *"Perchè il regno di Gesù è sul legno e chi spera in lui*

BIHLMEYER-M. WHITTAKER, *Die Apostolischen Väter. Griechisch-deutsche Parallelausgabe,* p. 166.
109 Ps. CLEMENTE, *Omelia* 10,1. Ed. crit. F.XAVER FUNK-K. BIHLMEYER-M. WHITTAKER, *Die Apostolischen Väter. Griechisch-deutsche Parallelausgabe,* p. 162. Trad. di A. QUACQUARELLI, *I padri apostolici,* p. 227.
110 Ps. CLEMENTE, *Omelia* 11,7. Ed. crit. F.XAVER FUNK-K. BIHLMEYER-M. WHITTAKER, *Die Apostolischen Väter. Griechisch-deutsche Parallelausgabe,* p. 164.
111 Ps. CLEMENTE, *Omelia* 8,4. Ed. crit. F.XAVER FUNK-K. BIHLMEYER-M. WHITTAKER, *Die Apostolischen Väter. Griechisch-deutsche Parallelausgabe,* pp. 160-162.
112 Ps. BARNABA, *Lettera* 6,17. Ed. crit. F.XAVER FUNK-K. BIHLMEYER-M. WHITTAKER, *Die Apostolischen Väter. Griechisch-deutsche Parallelausgabe,* p. 42. Trad. di A. QUACQUARELLI, *I padri apostolici,* p. 195.

vivrà in eterno",[113] per cui colui che spera in Cristo ha il desiderio di vivere in eterno:

> Perchè il regno di Gesù è sul legno e chi spera in lui vivrà in eterno (...) 9,1 (...) Chi è colui che vuol vivere in eterno? Ascolti con attenzione la voce del mio figlio.[114]

La visione del re della gloria e la meditazione del timore di Dio sono due doni che il Signore elargisce a coloro che credono in lui :

> Vedrete il re nella gloria e la vostra anima mediterà il timore del Signore" (...) 10 (...) Vi era un fiume che scorreva da destra e dal quale si alzavano alberi fiorenti; chiunque mangerà dei loro frutti vivrà in eterno. 11. Questo significa che noi discendiamo nell'acqua pieni di peccati e di lordura e ne risaliamo portando il frutto nel cuore, avendo nello spirito il timore e la speranza in Gesù.[115]

Anche la piaga di Cristo dà al fedele la forza di vivere secondo il suo vangelo: "*patì perchè la sua piaga ci*

---

113 Ps. BARNABA, *Lettera* 8,5. Ed. crit. F.XAVER FUNK-K. BIHLMEYER-M. WHITTAKER, *Die Apostolischen Väter. Griechisch-deutsche Parallelausgabe*, p. 46. Trad. di A. QUACQUARELLI, *I padri apostolici*, p. 198.

114 Ps. BARNABA, *Lettera* 8,5.9,2. Ed. crit. F.XAVER FUNK-K. BIHLMEYER-M. WHITTAKER, *Die Apostolischen Väter. Griechisch-deutsche Parallelausgabe*, p. 46. Trad. di A. QUACQUARELLI, *I padri apostolici*, pp. 198-199.

115 Ps. BARNABA, *Lettera* 11,5.10-11. Ed. crit. F.XAVER FUNK-K. BIHLMEYER-M. WHITTAKER, *Die Apostolischen Väter. Griechisch-deutsche Parallelausgabe*, p. 54. Trad. di A. QUACQUARELLI, *I padri apostolici*, pp. 202-203.

vivificasse".[116] Infatti al giudizio finale vedremo il figlio dell'uomo venire vestito di rosso:

> Un giorno lo vedranno con la veste rossa intorno al corpo e diranno: non è colui che abbiamo crocifisso, oltraggiato e sputacchiato? 11. Così, - dice – quelli che desiderano vedermi e raggiungere il mio regno devono prendermi nelle tribolazioni e nelle sofferenze.[117]

Sempre Barnaba si accorge che i fedeli della sua comunità a motivo della loro grande fede e del loro grande amore hanno speranza nella vita eterna. "*Una grande fede e amore abita in voi nella speranza della vita*".[118] Conseguente alla preghiera è, secondo Ignazio, la visione dei santi volti dei fedeli della comunità di Roma: "*Dopo aver pregato Dio ho potuto vedere i vostri santi volti ed ottenere più di quanto avevo chiesto*".[119] Coloro che

---

116 Ps. BARNABA, *Lettera* 7,2. Ed. crit. F.XAVER FUNK-K. BIHLMEYER-M. WHITTAKER, *Die Apostolischen Väter. Griechisch-deutsche Parallelausgabe*, p. 42. Trad. di A. QUACQUARELLI, *I padri apostolici*, p. 196.
117 Ps. BARNABA, *Lettera* 7,9.11. Ed. crit. F.XAVER FUNK-K. BIHLMEYER-M. WHITTAKER, *Die Apostolischen Väter. Griechisch-deutsche Parallelausgabe*, p. 44. Trad. di A. QUACQUARELLI, *I padri apostolici*, p. 197.
118 Ps. BARNABA, *Lettera* 1,4. Ed. crit. F.XAVER FUNK-K. BIHLMEYER-M. WHITTAKER, *Die Apostolischen Väter. Griechisch-deutsche Parallelausgabe*, p. 26. Trad. di A. QUACQUARELLI, *I padri apostolici*, p. 187.
119 IGNAZIO, *Lettera ai Romani* 1,1. Ed. crit. F.XAVER FUNK-K. BIHLMEYER-M. WHITTAKER, *Die Apostolischen Väter. Griechisch-deutsche Parallelausgabe*, p. 208. Trad. di A.

vivono santamente in Dio vengono salvati dal timore di Dio: "*il timore di Lui che salva tutti quelli che vivono santamente in Lui con mente pura*".[120] Inoltre il didachista esorta i fedeli a sorvegliare la loro vita, perchè non cadano nelle mani del maligno: "*Sorvegliate la vostra vita. Le vostre lampade non si spengano, e non si sciolgano i vostri fianchi, ma siate pronti*".[121] Come conseguenza del dono della vita che Dio ha rivelato tramite Gesù vi è il ringraziamento:

> Ti ringraziamo, Padre nostro, per la vita e la
> conoscenza che a noi rivelasti per mezzo di
> Gesù tuo figlio.[122]

La stessa conoscenza della vita celeste comporta, secondo l'anonimo autore, la condanna degli inganni e degli errori: "*Condannerai l'inganno e l'errore del mondo quando conoscerai veramente la vita nel cielo*".[123] Anche a

QUACQUARELLI, *I padri apostolici*, p. 121.
120 CLEMENTE ROMANO, *Lettera ai Corinti* 21,8. Ed. crit. F.XAVER FUNK-K. BIHLMEYER-M. WHITTAKER, *Die Apostolischen Väter. Griechisch-deutsche Parallelausgabe*, p. 106. Trad. di A. QUACQUARELLI, *I padri apostolici*, p. 64.
121 *Didaché* 16,1. Ed. crit. F.XAVER FUNK-K. BIHLMEYER-M. WHITTAKER, *Die Apostolischen Väter. Griechisch-deutsche Parallelausgabe*, p. 18. Trad. di A. QUACQUARELLI, *I padri apostolici*, p. 39.
122 *Didachè* 9,3. Ed. crit. F.XAVER FUNK-K. BIHLMEYER-M. WHITTAKER, *Die Apostolischen Väter. Griechisch-deutsche Parallelausgabe*, p. 14. Trad. di A. QUACQUARELLI, *I padri apostolici*, p. 34.
123 *A Diogneto* 10,7. Ed. crit. F.XAVER FUNK-K. BIHLMEYER-M. WHITTAKER, *Die Apostolischen Väter. Griechisch-deutsche Parallelausgabe*, p. 320. Trad. di A. QUACQUARELLI, *I padri apostolici*, pp. 361-362.

livello sociale i cristiani, secondo l'anonimo autore, vivono la vera vita testimoniando *"un metodo di vita sociale mirabile e indubbiamente paradossale"*.[124] Mediante la metafora del salice, che è un albero che ama la vita, Erma fa osservare che la vera vita è conseguente a coloro che operano per la vita.[125] Per Erma il salvatore ha insegnato le vie della vita dopo aver purificato i peccati del popolo:

> Egli avendo purificato i peccati del popolo insegnò le vie della vita, dando la legge ricevuta dal Padre. Osserva, dice, che egli è il Signore del popolo perchè ha ricevuto ogni potere dal Padre.[126]

Sempre Erma, mediante l'immagine della grandine e della pioggia, fa osservare che le cose che provengono dall'alto hanno una grande forza, mentre lo spirito terrestre ne è privo. Sulla base di ciò i portatori dello Spirito si contraddistinguono dalle opere e dalla vita:

> Ecco la vita di entrambi i profeti. Giudicalo dalle opere e dalla vita l'uomo che dice di essere portatore dello spirito. 17. Tu credi allo spirito che viene da Dio e che ha forza e non

---

124 *A Diogneto* 5,4. Ed. crit. F.XAVER FUNK-K. BIHLMEYER-M. WHITTAKER, *Die Apostolischen Väter. Griechisch-deutsche Parallelausgabe*, p. 312. Trad. di A. QUACQUARELLI, *I padri apostolici*, p. 356.
125 ERMA, *Pastore, similitudini* 8,68,7-9. Ed. crit. F.XAVER FUNK-K. BIHLMEYER-M. WHITTAKER, *Die Apostolischen Väter. Griechisch-deutsche Parallelausgabe*, pp. 466-468.
126 ERMA, *Pastore, similitudini* 5,59,3. Ed. crit. F.XAVER FUNK-K. BIHLMEYER-M. WHITTAKER, *Die Apostolischen Väter. Griechisch-deutsche Parallelausgabe*, p. 446. Trad. di A. QUACQUARELLI, *I padri apostolici*, p. 300.

credere, invece, allo spirito terrestre e vuoto, poichè in lui non c'è forza. Egli viene dal diavolo. 18. Ascolta la similitudine che sto per dirti. Prendi una pietra e lanciala verso il cielo, vedi se puoi toccarlo. O meglio, prendi un tubo d'acqua e tira il getto verso il cielo e vedi se puoi trapassarlo». 19. Dico: «Come, signore, possono avvenire queste cose? Sono entrambe impossibili le cose che hai detto». «Come queste cose sono impossibili, egli risponde, così gli spiriti terrestri sono impotenti e deboli. 20. Prendi, dunque, la forza che viene dall'alto. La grandine è un infimo granello e quando cade sulla testa di qualcuno come fa male! Ancora prendi la goccia che scende dal tetto a terra: fora la pietra. 21. Pensa, dunque, che le cose più piccole che dall'alto cadono sulla terra hanno una grande forza. Così anche lo spirito divino che viene dall'alto è potente. Tu credi, pertanto, a questo spirito, e allontana l'altro».[127]

Erma aggiunge che la sequela della continenza porta il fedele a vivere felice già sulla terra, con la speranza di conseguire la vita in cielo.[128]

Anche l'abbandono della ricchezza permette al

---

127 ERMA, *Pastore, precetti* 11,43,16-21. Ed. crit. F.XAVER FUNK-K. BIHLMEYER-M. WHITTAKER, *Die Apostolischen Väter. Griechisch-deutsche Parallelausgabe,* pp. 414-416. Trad. di A. QUACQUARELLI, *I padri apostolici,* p. 285.
128 ERMA, *Pastore, visione* 3,16,4. Ed. crit. F.XAVER FUNK-K. BIHLMEYER-M. WHITTAKER, *Die Apostolischen Väter. Griechisch-deutsche Parallelausgabe,* p. 356.

cristiano di portare frutti alla vita.[129] Di nuovo per Erma la vita armonica scaturisce dagli apostoli, perchè hanno camminato nella santità di Dio.[130] Stando a Erma la salvezza viene data a coloro che non si sono allontanati da Dio, seguendo l'innocenza e la semplicità, in modo tale da raggiungere la vita eterna,[131] mentre vengono rigettati dalla vita quelli che lo rinnegano. E' possibile partecipare della vita eterna se la carne, precisa lo ps.Clemente, si unisce con lo Spirito.[132]

129 ERMA, *Pastore, visione* 3,14,7. Ed. crit. F.XAVER FUNK-K. BIHLMEYER-M. WHITTAKER, *Die Apostolischen Väter. Griechisch-deutsche Parallelausgabe*, p. 354.
130 ERMA, *Pastore, visione* 3, 13,1. Ed. crit. F.XAVER FUNK-K. BIHLMEYER-M. WHITTAKER, *Die Apostolischen Väter. Griechisch-deutsche Parallelausgabe*, pp. 350-352.
131 ERMA, *Pastore, visione* 7,2. Ed. crit. F.XAVER FUNK-K. BIHLMEYER-M. WHITTAKER, *Die Apostolischen Väter. Griechisch-deutsche Parallelausgabe*, p. 340.
132 Ps. CLEMENTE, *Omelia* 14,5. Ed. crit. F.XAVER FUNK-K. BIHLMEYER-M. WHITTAKER, *Die Apostolischen Väter. Griechisch-deutsche Parallelausgabe*, p. 168.

Conclusione

Per quanto riguarda l'identità della vita eterna la visione di Barnaba, insieme a quella della *Didachè,* è differente da quella di Ignazio e dello ps.Clemente. Mentre per i primi la vita eterna viene concepita come dono, per i secondi essa figura come l'esito finale di un progressivo cammino che inizia col pentimento.

Per quanto riguarda invece le condizioni diversamente da Barnaba, da Ignazio, dallo Ps. Clemente e dall'A Diogneto, per i quali le virtù interiori permettono al credente di vivere la vita eterna, Erma annovera sia nella pratica di queste che dei precetti i momenti essenziali per iniziare a vivere la vita eterna.

Per ciò che concerne gli effetti c'è da dire che, per il didachista come per l'autore dell'*A Diogneto,* la vigilanza interiore del cristiano, unita al rifiuto degli errori e degli inganni, conduce il cristiano ad assaporare già sulla terra i frutti della vita eterna, mentre per Erma la presenza dello Spirito consente ai cristiani di essere portatori dello stesso sia a livello interiore che esteriore.

Bibliografia essenziale

Aa.Vv., *Io sono il vivente*, in *Parola, spirito e vita* 5 (1982).

Aa.Vv, *La vita del credente: bella, buona, beata*, in *Parola, spirito e vita* 45 (2002).

MORESCHINI C., *Vita*, in A. DI BERARDINO (a cura di), *Nuovo Dizionario Patristico e di antichità cristiane*, Genova-Milano 2008, col. 5658-5663.

QUACQUARELLI A., *I Padri apostolici*, Roma 2000.

Finito di stampare nel mese di Aprile 2016
per conto di Youcanprint *Self - Publishing*